IM WALDE STEHT EIN HEXENHAUS

ab 4 Jahren

5 Spieler +

5 Min. +

Material

- Augenbinde

Im Walde steht ein Hexenhaus

Spielverlauf

Die Kinder sitzen im Kreis. Ein Mitspieler sitzt mit geschlossenen Augen oder einer Augenbinde als Hexe in der Mitte. Alle singen das folgende Lied auf die Melodie von „Im Keller ist es duster" oder auf eine frei erfundene Melodie:

„Im Walde steht ein Hexenhaus,
da fliegt die Hexe ein und aus.
Sie hat kein Licht, sie hat kein Licht,
da scheint die helle Sonne nicht."

Während das Lied gesungen wird, stellt sich ein Mitspieler hinter die Hexe, klopft am Ende des Lieds auf ihren Rücken und fragt: „Eins, zwei, drei, wer steht hinter dir?" Die Hexe errät den Namen des Mitspielers, der danach die neue Hexe ist.

Hinweis

Falls jüngere Kinder Schwierigkeiten haben, den Namen des Mitspielers zu erraten, gibt die Spielleitung Hinweise, z. B. beschreibt sie das äußere Erscheinungsbild des fragenden Kindes oder nennt seine Vorlieben oder häufigsten Spielkameraden.

Förderschwerpunkte

auditive Wahrnehmung, Konzentration, Gemeinschaftsgefühl

ICH BIN EIN DICKER BRUMMBÄR

ab 3 Jahren

6 Spieler +

5 Min. +

Ich bin ein dicker Brummbär

Spielverlauf

Die Kinder stehen oder sitzen im Kreis und singen gemeinsam das Lied vom dicken Brummbären.

„Ich bin ein dicker Brummbär,
ich komme aus dem Wald.
Ich suche meine Freunde,
ich finde sie auch bald.
Und wir hopsen hübsch und fein
Von einem auf das andere Bein."

Ein Kind ist der Bär und geht stampfend im Kreis herum. Dabei stützt es seine Hände auf beiden Knien ab. Es bleibt vor einem Mitspieler stehen, beide fassen sich bei den Händen und hopsen rundherum. Danach fügt sich das erste in den Kreis ein und das andere Kind wird zum Bären.

Variationen

1. Die gewählten Bärenfreunde bleiben im Kreis, sie wählen so lange weitere Freunde, bis alle Spieler Brummbären sind, dazu den Text ändern: „Wir sind zwei (drei ...) dicke Brummbär'n".
2. Weitere Strophen mit anderen Tieren erfinden, z. B.: Ich bin ein kleiner Laubfrosch und komme aus dem Teich.

Hinweis

Erstes Zahlenverständnis kann hier auf spielerische Weise eingeübt werden.

Förderbereiche

Gemeinschaftsgefühl, Darstellungsvermögen, Bewegungskoordination

PFERDEGALOPP

ab 4 Jahren

8 Spieler +

5 Min. +

Pferdegalopp

Spielverlauf

Die Mitspieler sitzen im Kreis, die Spielleitung erzählt die Geschichte und die Kinder machen bei den genannten Bewegungen und Geräuschen mit:

Alle Pferde trappeln am Start aufgeregt hin und her.	*Auf die Oberschenkel patschen.*
„Auf die Plätze, fertig, los und Startschuss!"	*Einen Arm heben und „peng" rufen.*
Die Pferde rennen.	*Auf die Oberschenkel patschen.*
Sie springen über ein Hindernis.	*Arme hochreißen. Weiterpatschen.*
Sie rennen weiter, jetzt kommt eine Kurve.	*Zur Seite neigen. Weiterpatschen.*
Es geht weiter. Am Rand winken Zuschauer.	*Winken, dann weiterpatschen.*
Da sind Fotografen, sie schießen Bilder.	*Pantomimisch fotografieren.*
Die Pferde laufen durch quatschenden Matsch.	*Mit dem Mund Matschgeräusche machen (pft, pft).*
Auf der Zielgeraden laufen alle nochmals ganz schnell.	*Schnell auf die Oberschenkel patschen.*
Geschafft! Pferd Nummer 7 hat gewonnen!	*Mit dem Handrücken über die Stirn fahren, Arme hochreißen.*

Variation

Im Bewegungsraum einen Parcours als Pferderennbahn aufbauen.

Hinweis

Vor Spielbeginn kurz die Bewegungen und Geräusche besprechen.

Förderbereiche

Bewegungskoordination, Reaktionsvermögen, Vorstellungsvermögen

AUF DEM BAUERNHOF

ab 5 Jahren

2 Spieler +

5 Min. +

Material

- 10 Gummiringe von Einweckgläsern
- 10 Tierfiguren

Auf dem Bauernhof

Spielverlauf

10 Gummiringe werden auf einem Tisch ausgelegt. Ein Spieler stellt je eine Tierfigur in einen Stall (Gummiring). Ein zweiter Mitspieler schließt die Augen, während der andere eine Tierfigur herausnimmt und verdeckt. Der zweite Mitspieler muss nun herausfinden, welches Tier fehlt.

Variationen

1. Bei geübten Spielern können zwei bis drei Tiere entfernt werden.
2. Tierfiguren austauschen, sodass erraten werden muss, welche Tiere ihre Plätze gewechselt haben.

Förderschwerpunkte

visuelle Wahrnehmung, Merkfähigkeit, Konzentration

TASTLOTTO

ab 5 Jahren

3–12 Spieler

10 Min. +

Material

- verschiedene Spielmateri-alien
- Papptafel mit Stift
- Korb
- Tuch
- pro Kind 1 Stoffsäckchen

Tastlotto

Spielverlauf

Die Mitspieler sitzen auf dem Boden um eine ausgelegte Pappe (ca. 100 x 100 cm) und einen zugedeckten Korb. Die Pappe ist in 12 Felder eingeteilt. In dem Korb befinden sich Gegenstände, die den Mitspielern bekannt sind. Die Spielleitung nimmt einen Gegenstand aus dem Korb, die Kinder benennen ihn und geben ihn von Hand zu Hand weiter. Der letzte Spieler im Kreis legt ihn in eines der 12 Felder. Auf diese Weise wird ein Gegenstand nach dem anderen aus dem Korb genommen, benannt und in eines der Felder gelegt. Nun bekommt jeder Spieler ein Säckchen mit einem dieser ausgelegten Gegenstände. Auf die Frage: „Wer hat den Legostein?" greifen die Spieler in ihre Säckchen. Der Spieler, der den Legostein ertastet hat, legt ihn zu dem passenden Legostein auf der Pappe.

Variationen

1. Die Gegenstände werden durch den Stoff des Säckchens ertastet.
2. Anstelle von zwei gleichen Gegenständen werden passende Gegenstände einander zugeordnet, z. B. Tasse – Untertasse/ Kastanienblatt – Kastanienfrucht/ Kamm – Spiegel etc.

Förderschwerpunkte

taktile Wahrnehmung, logisches Denken, Konzentration

ICH SUCHE EINEN FREUND

ab 3 Jahren

6 Spieler +

5 Min. +

Ich suche einen Freund

Spielverlauf

Ein Mitspieler geht außen um den Kreis herum, den alle anderen Kinder gebildet haben, und sagt: „Ich suche einen Freund, der mit mir geht." Daraufhin tippt er einen Mitspieler an, fasst ihn an der Hand und fragt: „Wie heißt mein Freund?" Der Gefragte nennt seinen Namen und beide gehen Hand in Hand weiter um den Kreis. Nun sagt der neue Freund: „Ich suche einen Freund, der mit mir geht" und tippt einen weiteren Mitspieler im Kreis an, der ihm die Hand reicht. Er fragt: „Wie heißt mein Freund?" Dieser antwortet mit seinem Namen usw. Das Spiel endet, wenn der Kreis aufgelöst und eine lange Schlange entstanden ist. Sie fällt auseinander mit dem von der Spielleitung gesprochenen Vers:

„Eine Schli-Schla-Schlange
Und ihre Fri-Fra-Freunde.
Sie li-la-lachen, wenn sie
Purzelbäume machen."

Variation

Ältere Kinder setzen das Spiel so fort: Das Kind am Anfang der Reihe sagt: „Ich suche einen Freund der ... heißt." Das Kind mit diesem Namen löst sich aus der Schlange und nimmt die freie Hand des ersten Spielers. Jetzt führt also ... die Schlange an und sagt: „Ich suche einen Freund der ... heißt." ... löst sich aus der Schlange, nimmt die freie Hand von ... und nun führt er die Schlange an usw.

Hinweis

Je älter die Kinder sind, desto größer kann die Gruppe sein

Förderbereiche

Bewegungskoordination, Sozialkompetenz, Ausdauer

DER OBSTKORB FÄLLT UM

ab 4 Jahren

12 Spieler +

10 Min. +

Material

- Bildkarten mit vier verschiedenen Obstsorten, möglichst gleichmäßig in der Gruppe verteilt
- Wäscheklammern
- Stühle

Der Obstkorb fällt um

Spielverlauf

Alle Spieler klammern sich eine Karte mit einer Obstsorte an, z. B. Apfel, Birne, Banane, Pflaume. Sie sitzen im Stuhlkreis, mit dem Abzählvers wird der Obstbauer ermittelt:

„Wir sitzen auf dem Trecker. Obstsalat schmeckt lecker.
Doch der Trecker der kippt um, alles Obst rollt rum. – Wie dumm!"

Der Stuhl des Obstbauern wird aus dem Kreis genommen und er stellt sich in die Kreismitte. Dann ruft er ein Kommando, etwa: „Ich pflücke Äpfel und Birnen!" Die Kinder mit den genannten Obstsorten tauschen biltzschnell ihre Plätze. Nach mehreren Kommandos ruft er plötzlich: „Der Obstkorb fällt um!" Jetzt wechseln alle Spieler ihre Plätze und der Obstbauer versucht, einen frei werdenden Stuhl zu erobern. Wer keinen Platz erwischt, ist der neue Obstbauer.

Variation

Andere Sammelbegriffe und Bilder wählen: Gemüse für Gemüsesuppe, Autos im Parkhaus, Naturerscheinungen bei Unwetter usw.

Hinweis

Bei älteren Spielern keine Bildkarten verteilen, sondern die Obstnamen nur benennen.

Förderbereiche

Bewegungskoordination, Reaktionsvermögen, Konzentration

BELLO PASS AUF!

ab 3 Jahren

5 Spieler +

10 Min. +

Material

- Holzbaustein

Bello pass auf!

Spielverlauf

Ein Kind wird mit dem Abzählreim zum Hund „Bello“ bestimmt.

„Schöne frische Knochen,
Der Hund freut sich seit Wochen.
Jetzt frisst er so viel er kann.
Du bist dran!“

Bello legt sich in die Kreismitte und schließt die Augen. Die Spielleitung legt einen Holzbaustein vor Bello und deutet auf ein Kind. Dieses schleicht leise heran, nimmt ihn geräuschlos an sich und setzt sich wieder an seinen Platz zurück. Alle Mitspieler verstecken die Hände auf den Rücken und rufen laut:

„Bello pass auf, dein Knochen ist weg!“

Bello geht zu einem Kind im Kreis und bellt. Das Kind zeigt seine Hände. Hat es den Knochen, wird es zum neuen Bello. Sind seine Hände leer, geht Bello zum nächsten Spieler und bellt. Hat er nach drei Versuchen seinen Knochen nicht wieder, zeigen alle ihre Hände und er kann sehen, wer den Knochen hat. Ein anderer Spieler wird zum Bello bestimmt und die nächste Spielrunde beginnt.

Variationen

1. Ältere Kinder können andere Gestalten oder Tierarten wählen: Krokodil pass auf, der Kaspar ist weg.
2. Anstelle des Bauklotzes wird ein Schlüsselbund genommen. Dann kann sich das Kind auditiv orientieren.

Förderbereiche

Geschicklichkeit, Konzentration

KINDERKNOTEN

ab 5 Jahren

8 Spieler +

10 Min. +

Kinderknoten

Spielverlauf

Ein Kind verlässt die Spielgruppe, die anderen Mitspieler stellen sich in einen Kreis, fassen ihre Nachbarkinder fest an den Händen und dürfen sie nun nicht mehr loslassen. Dann verknoten sie sich, indem sie über die Arme steigen, darunter hindurch kriechen, usw. So entsteht ein regelrechtes Knäuel. Dann holen sie den Mitspieler von draußen zu Hilfe mit dem Ruf: „Hilfe, Hilfe wir sind verknotet!" Dieses Kind hat nun die Aufgabe, den Kinderknoten zu entwirren, dabei darf es die Hände nicht trennen, sondern nur Anweisungen geben. Wenn das klappt, stehen am Ende alle Kinder wie zu Beginn wieder im Kreis.
Falls der Knoten nicht zu lösen ist, ertönt von der Spielleitung der vorher verabredete Spruch:

„Zicke, Zacke, Zicks, alle Hände lösen sich fix."

Sofort lassen alle Spieler ihre Hände frei und stellen sich wieder im Kreis auf.

Variation

Bei der Wiederholungsrunde die Rollen und Positionen tauschen.

Hinweis

Die Spielleitung achtet darauf, dass das Verknoten schonend und schmerzfrei geschieht.

Förderbereiche

Motorik, Koordination, Körpergefühl, Teamfähigkeit

TIERKONZERT

ab 3 Jahren

12 Spieler +

5 Min. +

Material

- Kartenpaare mit Tierbildern
- Triangel

Tierkonzert

Spielverlauf

Jeder Spieler bekommt verdeckt eine Karte mit einem Tierbild. Gibt die Spielleitung mit der Triangel ein Signal, schauen alle auf ihr Bild und ahmen die typischen Laute dieses Tieres nach. Auf diese Weise versucht nun jeder, seinen entsprechenden Tierpartner zu finden. Haben sich alle Paare gefunden, werden für die nächste Spielrunde die Karten neu verteilt.

Variation

Statt mit Tierlauten können sich ältere Kinder auch durch typische Bewegungen ihres Tiers finden. Erst wenn sie zueinandergefunden haben, lassen sie die entsprechenden Tierlaute hören.

Hinweis

Mit den Kindern vor dem Spiel die Namen und die Laute der Tiere besprechen.

Förderbereiche

Darstellungsvermögen, Kreativität, Beobachtungsvermögen, Ausdrucksfähigkeit

WER WILL FLINKE HASEN SEH'N

ab 3 Jahren

6 Spieler +

5 Min. +

Material

- Haarreifen
- Hasenohren aus Pappe
- Klebeband

Wer will flinke Hasen seh'n

Spielverlauf

Alle Kinder singen gemeinsam das Lied auf die Melodie von „Wer will fleißige Handwerker seh'n". Sie führen dazu die passenden Bewegungen pantomimisch aus.

2. Refrain: Wer will ...
Wir hüpfen nun auf dem Bein.
Pfoten hoch wie geht das fein.

3. Refrain: Wer will ...
Dann hoppeln wir durch das Gras,
Fangen, jagen das macht uns Spaß.

4. Refrain: Wer will ...
Lieber Hase bitte sehr,
Hoppel einfach zu mir her.

5. Refrain: Wer will ...
Reiche deine Pfoten mir,
rund herum hüpf ich mit dir.

Variationen

1. Die Strophen in beliebiger Reihenfolge singen und mit weiteren Bewegungsmustern ergänzen.
2. Pappstreifen an einem Haarreif befestigen und als Hasenohren aufsetzen.

Hinweis

Das Liedspiel verleitet zum Toben, vor Beginn Verhaltensregeln absprechen.

Förderbereiche

Darstellungsvermögen, Bewegungskoordination, Ausdrucksfähigkeit

JETZT STEIGT HAMPELMANN

ab 4 Jahren

3 Spieler +

5 Min. +

Jetzt steigt Hampelmann

Spielverlauf

Alle Kinder singen das bekannte Lied vom Hampelmann. Gleichzeitig führen sie dazu die benannten Tätigkeiten pantomimisch aus. Zum Refrain wird der „Hampelmannsprung" gehüpft: Aus dem Stand mit geschlossenen Beinen und angelegten Armen in die Grätsche springen und dabei die Hände über dem Kopf zusammenschlagen.

1. Jetzt steigt Hampelmann, jetzt steigt Hampelmann,/jetzt steigt Hampelmann aus seinem Bett heraus.
Ref.: O du mein Hampelmann, mein Hampelmann, mein Hampelmann./O du mein Hampelmann, mein Hampelmann bist du.
2. Jetzt zieht Hampelmann sich seine Strümpfe an.
3. Jetzt zieht Hampelmann sich seine Hosen an.
4. Jetzt zieht Hampelmann sich seine Jacke an.
5. Jetzt setzt Hampelmann sich seine Kappe auf.
6. Jetzt geht Hampelmann mit seiner Frau spaziern.
7. Jetzt tanzt Hampelmann mit seiner lieben Frau.

Variationen

1. Gemeinsam werden weitere Tätigkeiten des Hampelmanns ausgedacht und dargestellt.
2. Statt Hampelmann wird das Lied auf „Hampelfrau" gesungen.

Hinweis

Der Hampelmannsprung sollte ausführlich eingeübt werden, damit er gelingt.

Förderbereiche

Bewegungskoordination, Ausdrucksfähigkeit, Gemeinschaftsgefühl

MURMEL, DU MUSST WANDERN

ab 5 Jahren

10 Spieler +

5 Min. +

Material

- Murmel

Murmel, du musst wandern

Spielverlauf

Alle Kinder bis auf eines sitzen im Kreis mit geschlossenen Händen und singen das Lied auf die Melodie von „Taler, Taler, du musst wandern".

„Murmel, Murmel, du musst wandern,
von der einen Hand zur andern.
Das ist leicht, das ist schön,
Murmel, lass dich nur nicht sehn."

Ein Spieler geht im Kreis herum, streicht mit seinen geschlossenen Händen, in denen sich eine Murmel befindet, über die Hände der Mitspieler und lässt die Murmel einem Mitspieler in die Hände gleiten. Die beiden Kinder tauschen die Rollen.

Variationen

1. Einen Stein oder anderen kleinen Gegenstand benutzen und den Liedtext anpassen.
2. Die Kinder stehen eng nebeneinander im Kreis, die Murmel „wandert" hinter dem Rücken von Hand zu Hand, bis der Spieler in der Mitte die Murmelübergabe bemerkt.
3. Mit nackten Füßen auf dem Boden sitzend die Murmel weitergeben.

Hinweis

Ein Tischtennisball als Murmel erleichtert die Weitergabe, wenn sie hinter dem Rücke wandert.

Förderschwerpunkte

Feimotorik, Konzentration, Gemeinschaftsgefühl

ICH SEHE WAS, WAS DU NICHT SIEHST

ab 4 Jahren

3 Spieler +

5 Min. +

Ich sehe was, was du nicht siehst

Spielverlauf

Die Mitspieler sitzen im Kreis. Ein Spieler beginnt und wählt für sich einen für alle gut sichtbaren Gegenstand aus. Hat dieser beispielsweise eine blaue Farbe, dann sagt der Spieler: „Ich sehe was, was ihr nicht seht, und das ist blau." Die anderen raten reihum, welchen Gegenstand er gemeint haben könnte.
Der Mitspieler, der als erster richtig rät, darf die nächste Raterunde beginnen.

Variationen

1. Farbe und Form eines Gegenstandes nennen
2. Andere Eigenschaften eines Gegenstands beschreiben und raten lassen, z. B.: „Ich sehe was, was ihr nicht seht, und das kann man öffnen."
3. Dinge oder Lebewesen beschreiben und raten lassen, die sich nicht im Raum befinden.

Hinweis

Bei schwierigen Aufgaben Hilfestellung geben und eine weitere Eigenschaft des gesuchten Gegenstands nennen.

Förderschwerpunkte

visuelle Wahrnehmung, logisches Denken, Konzentration

FÜNF KLEINE FISCHE

ab 4 Jahren

5 Spieler +

10 Min. +

Material

- Papier in verschiedenen Farben
- Schere

Fünf kleine Fische

Spielverlauf

Die Spieler sitzen im Kreis auf dem Boden. Sie sprechen den Text gemeinsam und führen die angegebenen Bewegungen aus.

5 kleine Fische, die schwimmen im Meer. *Wellenbewegungen mit den Händen.*
Refrain: Da sagt der eine: „Nein ich mag nicht mehr. *Finger abzählen und den Kopf schütteln.*
Ich wär' viel lieber in einem kleinen Teich, denn im
Meer da schwimmt der Hai und der frisst mich gleich!" *Schnappbewegungen mit den Händen.*
schwupp schwupp - schwubbedi wupp,
schwupp schwupp - schwubbedi wupp.

4 kleine Fische, die schwimmen im Meer ... Refrain
3 kleine Fische, die schwimmen im Meer ... Refrain
2 kleine Fische, die schwimmen im Meer ... Refrain
1 kleiner Fisch, der schwimmt im Meer ... Refrain

1 großer Hai, der schwimmt im Meer, er sagt zu sich selber: „Nein ich mag nicht mehr. Ich wär' viel lieber in einem kleinen Teich, denn da schwimmen viele Fische und die fresse ich gleich!"

Variationen

1. Bei älteren Kindern mit der Zahl 10 beginnen.
2. Fische aus farbigem Papier ausschneiden und zum gesprochenen Text bewegen.

Förderbereiche

Bewegungskoordination, Feinmotorik, Sprachrhythmus

MEIN RECHTER PLATZ IST FREI

ab 3 Jahren

6 Spieler +

10 Min. +

Material

- Stühle oder Sitzkissen

Mein rechter Platz ist frei

Spielverlauf

Alle Spieler sitzen im Stuhlkreis, es steht ein Stuhl mehr in der Runde als Kinder mitspielen. Der Spieler links vom leeren Stuhl beginnt. Er klopft mit seiner rechten Hand auf die leere Sitzfläche und sagt:
„Mein rechter, rechter Platz ist frei.
Da wünsch ich mir den/die ... herbei."
Der genannte Mitspieler setzt sich auf den freien Stuhl. Nun schlägt der nächste neben dem leeren rechten Platz auf die Sitzfläche, sagt dazu den Spruch auf und wünscht sich einen anderen Spieler. Das Spiel endet, wenn alle Spieler ihren Platz gewechselt haben.

Variationen

1. Der aufgerufene Spieler antwortet: „Als welches Tier soll ich kommen?" Der Rufer nennt ein Tier und der Aufgerufene geht pantomimisch das Tier darstellend los.
2. Jeder Mitspieler erhält eine farbige, geometrische Form (z. B. Bausteine) oder ein vorgefertigtes Verkehrsschild.
3. Beide Spieler, die links und rechts neben dem freien Stuhl sitzen, rufen gleichzeitig zwei Mitspieler auf. Derjenige, der am schnellsten ist, besetzt den leeren Platz.

Hinweis

Das Spiel unterstützt das spielerische Einüben von „rechts" und „links". Bei jüngeren Kindern ggfs. die rechte Hand mit einem farbigen Punkt kennzeichnen.

Förderbereiche

Bewegungskoordination, Sozialkompetenz, Sprachrhythmus, Vorstellungsvermögen

ALLE VÖGEL FLIEGEN HOCH

ab 4 Jahren

3 Spieler +

5 Min. +

Alle Vögel fliegen hoch

Spielverlauf

Die Mitspieler versammeln sich um einen Tisch. Während alle Kinder mit den Fingern auf den Tisch trommeln, ruft die Spielleitung: „Alle Vögel fliegen hoch!" Bei diesen Worten heben alle Kinder die Hände in die Luft. Beim nächsten Mal ruft die Spielleitung vielleicht: „Alle Tische fliegen hoch!" Wer nun seine Hände erhoben hat und nicht weiter trommelt, muss eine Runde aussetzen.

Variation

Schwieriger wird es, wenn nur Tiere genannt werden, die fliegen bzw. nicht fliegen können.

Hinweis

Ältere Kinder können ebenfalls die Spielleitung übernehmen.

Förderschwerpunkte

Reaktionsschnelligkeit, logisches Denken, Konzentrationsfähigkeit, Wissenserweiterung

DORNRÖSCHEN

ab 4 Jahren

8 Spieler +

10 Min. +

Material

- Schwert
- 2 Kronen und 2 Feenhauben oder Feenstäbe aus Pappe

Dornröschen

Spielverlauf

Die Rollen von Dornröschen, den Feen und dem Königssohn werden verteilt, dann singen die Kinder das Lied von Dornröschen und stellen die Handlungen in den Strophen folgendermaßen dar:

1. Dornröschen war ein schönes Kind ...	*Die Kinder gehen im Kreis. Dornröschen steht/sitzt in der Mitte.*
2. Dornröschen, nimm dich ja in Acht! ...	*Stehenbleiben, Zeigefinger warnend heben.*
3. Da kam die böse Fee herein ...	*Böse Fee löst sich aus dem Kreis, geht zu Dornröschen, singt allein:*
4. „Dornröschen, du sollst sterben! ..."	*Die Fee kreuzt dazu die Arme über Dornröschens Kopf.*
5. Da kam die gute Fee herein ...	*Gute Fee löst sich aus dem Kreis, geht zu Dornröschen, singt allein:*
6. „Dornröschen, schlafe hundert Jahr ..."	*Die Kreiskinder gehen in die Hocke. Dornröschen legt sich schlafen.*
5. Da wuchs die Hecke riesengroß ...	*Die Kinder richten sich auf, nähern sich Dornröschen und heben die Arme.*
6. Da kam ein junger Königssohn ...	*Er durchbricht die Hecke, die Arme senken und zurücktreten.*
7. „Dornröschen, wache wieder auf!..."	*Der Königssohn singt allein, gibt ihr einen Kuss.*
8. Da feierten sie Hochzeitsfest ...	*Dornröschen und der Königssohn tanzen in der Mitte.*
9. Da jubelte das ganze Volk ...	*Die Kinder bilden Paare und tanzen frei im Raum.*

Variation

Die 4 Hauptrollen verkleiden sich mit passenden Utensilien.

Hinweis

Rollenwechsel jeweils nach einem Spieldurchgang.

Förderbereiche

Selbstbewusstsein, Gemeinschaftsgefühl, Bewegungskoordination, Darstellungsvermögen

TISCHLEIN DECK DICH

ab 4 Jahren

2 Spieler +

5 Min. +

Material

- Augenbinde
- Tablett
- Geschirr
- Besteck
- Spielzeug

Tischlein deck dich

Spielverlauf

Die Mitspieler sitzen um einen Esstisch. Auf einem Tablett befinden sich verschiedene Gegenstände, z. B. Teller, Tasse, Löffel, Kerze, Vase, Teddy, Spielzeugauto. Ein Spieler bekommt die Augen verbunden, ein anderer wählt einen Gegenstand aus und stellt ihn auf den Tisch. Dabei spricht er folgenden Vers:

„Wickel, wockel, wackelich,
zickel, zockel, zackelich,
Tischlein, Tischlein, decke dich!"

Durch Tasten muss der Spieler mit verbundenen Augen herausfinden, um welchen Gegenstand es sich handelt und ob dieser auf einen gedeckten Esstisch gehört.

Variation

Statt Geschirrutensilien können auch Früchte bereitgestellt werden, sodass durch Tasten eine nicht essbare (z. B. Kastanie) oder nicht passende Frucht (z. B. Obst – Gemüse) herauszufinden ist.

Hinweis

Jüngere Kinder lassen sich ungern die Augen verbinden, da sie dadurch verunsichert werden. In diesem Fall kann das Ertasten der Gegenstände unter einem Tuch stattfinden.

Förderschwerpunkte

taktile Wahrnehmung, Konzentration, Formerkennung

DER STUMME DIRIGENT

ab 6 Jahren

10 Spieler +

5 Min. +

Der stumme Dirigent

Spielverlauf

Die Gruppe sitzt als Orchester im Kreis, ein Mitspieler (der Zuschauer) verlässt den Raum. Das Orchester bestimmt nun, wer Dirigent sein soll. Seine Aufgabe ist es, möglichst unauffällig den anderen Zeichen zu geben, wann und welches Instrument sie pantomimisch spielen sollen. Dann kommt der Zuschauer, der draußen gewartet hat, zurück in den Raum. Er hat die Aufgabe herauszufinden, wer der Dirigent ist.
Das Orchester beginnt pantomimisch ein Instrument zu spielen. Nach kurzer Zeit muss das Instrument gewechselt werden. Wann und welches Instrument gespielt wird, bestimmt der Dirigent – und zwar möglichst so, dass der Zuschauer es nicht merkt. Ist der Dirigent gefunden, kann eine weitere Spielrunde eingeleitet werden.

Hinweis

Vor dem Spiel sollten verschiedene Instrumente eines Orchesters besprochen und und ausprobiert werden, auf welche Art und Weise sie pantomimisch dargestellt werden können.

Förderschwerpunkte

Konzentration, Beobachtung, Kooperation, Koordination, Fantasie

GERÄUSCHE-PAARE

ab 5 Jahren

7 Spieler +

5 Min. +

GERÄUSCHE-PAARE

Spielverlauf

Vor dem Spiel verlässt ein Spieler den Raum. In dieser Zeit sucht sich jeder einen Partner. Jedes Paar denkt sich gemeinsam ein Geräusch aus, das sie stimmlich hervorbringen können. Die Spieler verteilen sich anschließend im Raum, sodass die Paare möglichst nicht nebeneinander stehen. Der ratende Spieler kehrt in den Raum zurück, tippt einzelne Spieler an, worauf diese ihr erdachtes Geräusch produzieren. Wie bei einem Memory müssen nun die Geräusche-Paare herausgefunden und nebeneinandergestellt werden.

Variationen

1. Die Paare produzieren mithilfe der Hände (klatschen) bzw. Füße (stampfen) jeweils eigene Rhythmen.
2. Die Paare denken sich gemeinsam eine Mimik oder Geste aus.

Hinweise

1. Vor dem Spiel gemeinsam mit den Kindern mögliche stimmliche bzw. mimische und gestische Ausdrucksweisen ausprobieren.
2. Bleibt ein Kind übrig, bildet es mit der Spielleitung ein Geräusche-Paar.

Förderschwerpunkte

auditive Wahrnehmung, Kooperation, Konzentration, Fantasie, Körpererfahrung

GESCHMACKSTESTER

ab 4 Jahren

ab 1 Spieler

5 Min. +

Material

- kleine Teller
- verschiedene Obstsorten als ganze reife Frucht und in Stücken
- Augenbinde

Geschmackstester

Spielverlauf

Auf dem Tisch liegen verschiedene Obstsorten, z. B. Banane, Apfel, Orange, Kiwi, Zitrone, Pflaume etc. Die Spieler sehen, fühlen, riechen und benennen sie nacheinander. Auf kleinen Tellern liegen kleingeschnittene Obststücke. Die Spieler versuchen nun, das kleingeschnittene Obst den ganzen Früchten zuzuordnen.
Anschließend wird einem Spieler mit geschlossenen Augen oder einer Augenbinde ein Obststück zum Probieren gereicht. Er benennt die Obstsorte und beschreibt die Geschmacksrichtung. Danach ist der nächste Geschmackstester an der Reihe.

Variation

Gemüsesorten erraten.

Hinweis

Aus den Obst- oder Gemüsestücken mit den Kindern einen Obstsalat oder eine Gemüsesuppe zubereiten.

Förderschwerpunkte

gustatorische Wahrnehmung, Begriffsbildung, Konzentration

DER KLEINE, BLINDE MAULWURF

ab 5 Jahren

1–8 Spieler

5 Min. +

Material

- ätherisches Honigöl
- Laub
- dicker Ast
- weiches Moos
- warmes Wasser
- Rucksack
- Proviantdose
- Honigbonbons

Der kleine, blinde Maulwurf

Spielverlauf

Die Kinder sitzen im Kreis mit geschlossenen Augen. Die Spielleiterin erzählt die Geschichte. Bei Erzählstopps lösen die Kinder Rätselaufgaben mithilfe ihrer Sinne.

Es war einmal ein kleiner, blinder Maulwurf. Eines Tages verließ er seine Erdhöhle und zog aus in die weite Welt. Als er schon eine Weile unterwegs war, roch es auf einmal nach ... (riechen: Honigöl). Plötzlich raschelte etwas im ... (hören: Laubrascheln). War das nicht seine Nachbarin Monika Maus? Sofort lief er hinter ihr her. Doch da stolperte er über einen ... (fühlen: Ast). Au weh! Der kleine Maulwurf war ganz benommen. Zum Glück wuchs am Wegesrand ... (fühlen: Moos). Er setzte sich und versank augenblicklich in einen tiefen Schlaf. In seinem Traum tanzte er im warmen ... (fühlen: mit Wasser spritzen). Von lauten Geräuschen wurde er aus seinen Träumen geweckt ... (hören: Iaah – Esel/ Wauwau – Hund/ Miau – Katze/ Kikeriki – Hahn). Das waren ja die berühmten ... (sprechen: Bremer Stadtmusikanten). „Was ist denn mit dir los?" fragten die vier. „Ich bin gefallen und ich glaube, ich habe mich verlaufen!" jammerte der kleine Maulwurf. Die Bremer Stadtmusikanten sagten, er könne sie auf ihrer Reise begleiten. Darüber war der kleine Maulwurf sehr glücklich. Er durchsuchte seinen ... (fühlen: Rucksack), holte aus seiner ... (fühlen: Proviantdose) für jeden ein ... (schmecken: Honigbonbon) und sie machten sich gemeinsam auf den Weg.

Hinweis

Den Kindern genügend Zeit zum Fühlen, Hören, Riechen und Schmecken einräumen.

Förderschwerpunkte

auditive, taktile, gustatorische und olfaktorische Wahrnehmung, Konzentration, Fantasie

ÜBERASCHUNGSEIER-MEMORY

ab 5 Jahren

1 Spieler +

5 Min. +

Material

- 10 – 12 leere Hüllen von Überra-schungseiern
- Sand
- Perlen
- Wasser und weiteres Füllmaterial

Überraschungseier-Memory

Spielverlauf

Jeweils zwei leere Überraschungseier-Hüllen werden mit den gleichen kleinen Materialien gefüllt, verschlossen und in einen Karton gelegt.
Durch Schütteln muss der Spieler jetzt herausfinden, welche Paare zusammenpassen.

Hinweis

Bei jüngeren Kindern ist es sinnvoll, die Füllmaterialien zusätzlich in kleinen Schalen zu zeigen, um sie kennenzulernen und zu benennen.

Förderschwerpunkte

auditive Wahrnehmung, Merkfähigkeit, Konzentration

SCHRILLE TYPEN

ab 5 Jahren

2–6 Spieler

15 Min. +

Material

- digitaler Fotoapparat
- Laminiergerät
- Permanentstift
- Schere
- Würfel

Schrille Typen

Vorbereitung

Die Kinder werden in 15 unterschiedlichen Verkleidungen fotografiert. Anschließend werden die Fotos ausgedruckt, wenn möglich einlaminiert und folgendermaßen in vier Streifen zerschnitten:

1. Karte – Kopf und Kopfbedeckung
2. Karte – Oberkörper
3. Karte – Unterkörper und Beine
4. Karte – Füße, Schuhe

Auf der Rückseite werden Würfelpunkte aufgemalt: 1 Würfelpunkt bei den 1. Karten, 2 bei den 2. Karten, 3 bei den 3. und 4 Würfelpunkte bei den 4. Karten.

Spielverlauf

Die Karten der jeweiligen Punktegruppe werden gut gemischt und mit dem Würfelbild nach oben zu vier Stapeln in die Tischmitte gelegt. Jetzt wird reihum gewürfelt. Zeigt der Würfel eine 1, so darf eine Karte vom ersten Stapel genommen werden, bei 2 vom zweiten und so weiter. Wer eine 5 würfelt, muss eine Runde aussetzen, bei einer 6 darf von jedem Stapel eine Karte genommen werden.

Wenn alle Karten aufgebraucht sind, versucht jeder Mitspieler mit seinen Karten „schrille Typen" zusammenzustellen, bunt zusammengewürfelte Figuren. Für jede ganze Figur bekommt der Spieler einen Punkt.

Förderschwerpunkte

Fantasie, Regelverständnis, Konzentration, Zahlenverständnis

FLIEGEN KLATSCHEN

ab 6 Jahren

2–8 Spieler

10 Min. +

Material

- dickeres Druckerpapier für 80 selbstgemachte Spielkarten
- Drucker
- Laminiergerät
- Schere
- Fliegenklatschen

Fliegen klatschen

Vorbereitung

80 Spielkarten (Spielkartengröße) davon 64 Fliegenkarten (je 16 Fliegen in den Farben Rot, Gelb, Blau und Grün) und 16 Fliegenklatschenkarten herstellen. Dafür Abbildungen von Fliegen und einer Fliegenklatsche aus dem Internet ausdrucken und einlaminieren.

Spielverlauf

Alle Spielkarten werden gemischt und gleichmäßig unter den Spielern verteilt. Jeder Spieler erhält eine Fliegenklatsche und legt seine Karten als verdeckten Stapel vor sich ab. Der jüngste Spieler beginnt, deckt die oberste Karte seines Stapels auf und legt sie in der Tischmitte ab. Deckt ein Spieler eine Fliegenklatsche auf, versuchen sofort alle Spieler Fliegen zu fangen, indem sie mit der Fliegenklatsche auf eine Fliegenkarte schlagen. Es darf aber nur die Fliegenfarbe abgeklatscht werden, von der in diesem Augenblick die meisten Karten aufgedeckt sind. Die Fliegenklatschenkarte wird anschließend aus dem Spiel genommen. Gewinnt ein Spieler eine Fliegenkarte, legt er sie verdeckt neben sich ab.
Das Spiel endet, wenn ein Spieler die letzte Karte von seinem Stapel aufdeckt.
Sieger ist, wer die meisten Fliegenkarten besitzt.

Hinweis

Da das Spiel sehr wild werden kann, können die Fliegen auch mit der flachen Hand abgeklatscht werden.

Förderbereiche

Regelverständnis, Sozialverhalten, Reaktionsvermögen

DER SCHATZ DER PYRAMIDE

ab 6 Jahren

2 Spieler +

10 Min. +

Material

- Legosteine oder andere Bausteine
- Würfel
- Glitzersteinchen

Der Schatz der Pyramide

Spielverlauf

Zuerst wird aus Legosteinen eine Pyramide mit sechs Stufen gebaut, wobei die sechste Stufe das Dach bildet.
Jeder Spieler hat sechs Steinchen, die den Schatz darstellen sollen. Der Schatz muss auf das Dach der Pyramide befördert werden. Es wird reihum gewürfelt. Wenn eine 1 kommt, darf ein Steinchen von unten auf die erste Stufe gelegt werden und der Spieler darf noch einmal würfeln. Wirft jemand eine 2, so darf ein Steinchen von der ersten auf die zweite Stufe wandern, bei 3 von der zweiten auf die dritte usw. Auf keiner Stufe darf mehr als ein Steinchen zur gleichen Zeit liegen, also muss man sich gegenseitig helfen.
Das Spiel ist zu Ende, wenn die Schatzkammer gefüllt ist, das heißt, wenn alle Steinchen der Mitspieler auf dem Dach der Pyramide liegen.

Variation

Das Spiel kann auch als Wettspiel gespielt werden. Jeder einzelne Spieler hat eine Pyramidentreppe und muss versuchen sein Steinchen als Erster auf das Dach der Pyramide zu legen.

Förderbereiche

Zahlenverständnis, Regelverständnis, Kooperation, Konzentration

WATTEPUSTEN

ab 4 Jahren

2–6 Spieler

5 Min. +

Material

- Wattebäusch-chen
- Trinkhalme
- Tafelkreide

Wattepusten

Spielverlauf

Auf die Tischfläche wird mit Kreide ein Kreis gezeichnet und in so viele gleich große Tortenstücke aufgeteilt wie Mitspieler am Tisch sitzen. In der Tischmitte liegen Wattebäuschchen. Ein Spieler nach dem anderen soll nun mithilfe des Trinkhalms ein Wattebäuschchen von einem Tortenstück ins nächste pusten.

Variationen

1. Die Kinder sitzen um den Tisch herum. In der Mitte liegt ein kleiner Wattebausch. Der Reihe nach wird gepustet, wobei jeder versucht, den Wattebausch einem Mitspieler zuzupusten.
2. Es werden farbige Wattebäuschchen verwendet. Jedem Spieler wird eine Farbe zugeordnet, die er in markiertes Feld pustet. Wer zuerst seine Farbe im entsprechenden Feld hat, darf einem anderen Spieler helfen.

Hinweis

Es muss darauf geachtet werden, dass die Kinder nicht zu schnell Ein- und Ausatmen und Pausen machen, um ein Hyperventilieren zu vermeiden.

Förderschwerpunkte

Atemdosierung, Geschicklichkeit, Sozialkompetenz, Reaktionsvermögen

DIE REISE NACH AMERIKA

ab 3 Jahren

3 Spieler +

5 Min. +

Die Reise nach Amerika

Spielverlauf

Die Mitspieler sitzen um den Tisch und stellen ihre Fäuste mit hochgestrecktem Daumen auf die Tischplatte. Die Hand der Spielleitung kreist zunächst mit folgendem Vers über den Händen:

„Ich reise nach Amerika! Wer will mit?
Die Katze mit dem langen Schwanz, die muss mit!"

Bei dem Zeilenende „muss mit" greift sie sich einen Daumen und nun kreisen beide Hände zusammen. Bei den Wiederholungen werden nacheinander die weiteren Daumen gegriffen, bis allmählich ein hoher „Fäusteturm" entsteht. Wenn alle Daumen im Spiel sind, sprechen alle zusammen den Abschlussvers:

„Ach, du dummer Schaffner, was hast du denn gemacht?
Du hast uns statt nach Amerika nach Afrika gebracht!"

Dabei löst sich unter allgemeinem Gezappel der „Fäusteturm" auf.

Variation

Die Städte bzw. Länder können beliebig eingesetzt werden.

Förderschwerpunkte

Bewegungskoordination, Gemeinschaftsgefühl, Sprachrhythmus

KLOPFZEICHEN

ab 6 Jahren

5 Spieler +

10 Min. +

Klopfzeichen

Spielverlauf

Alle Mitspieler sitzen im Kreis am Tisch. Sie legen die Hände mit den Nachbarn über Kreuz. Je eine Hand der benachbarten Spieler liegt also jedem Kind näher als die eigenen Hände. Die Spielleitung tippt auf eine Hand. Diese Hand klopft auf den Tisch und dann geht es im Kreis links oder rechts von Hand zu Hand weiter. Das Klopfzeichen muss jeweils von der nächstliegenden Hand weitergeführt werden.
Hände, die falsch klopfen, scheiden aus und werden vom Tisch genommen.

Variation

Ein Doppelklopfen gibt den Richtungswechsel an.

Hinweis

Die Spielvariante ist nur für ältere Kinder geeignet.

Förderschwerpunkte

Konzentration, Reaktionsschnelligkeit, Abstraktionsvermögen, Körpergefühl

GESCHICHTEN WÜRFELN

ab 6 Jahren

2–4 Spieler

10 Min. +

Material

- großer Würfel
- Klarsichthüllen
- selbst gemalte Bilder oder Bilder aus Zeitschriften
- Klebeband

Geschichten würfeln

Vorbereitung

An jeder Seite eines großen Schaumstoff- oder Pappwürfels wird eine Klarsichthülle aufgeklebt. In diese Hüllen werden von den Kindern gemalte oder aus Zeitschriften ausgeschnittene Bilder oder Fotos gesteckt.

Spielverlauf

Die Mitspieler sitzen am Tisch und würfeln reihum. Die Spielleiterin oder der erste Spieler erzählt zu dem ersten gewürfelten Bild den Anfang einer Geschichte (etwa ein bis drei Sätze), der zweite Spieler würfelt und führt die Geschichte fort oder erzählt eine neue Geschichte.

Variation

Mehrere Bilderwürfel verwenden und alle Bilder zu einer Geschichte verbinden.

Hinweis

Die Spielleitung kann die Erzählungen der Kinder aufschreiben und in Zusammenhang mit den Bildern eine Bilderbuchgeschichte erstellen.

Förderschwerpunkte

Sprachliche Ausdrucksfähigkeit, Fantasie, Wortschatzerweiterung

MALSPIELE

ab 4 Jahren

1 Spieler +

5 Min. +

Material

- Papier und Buntstifte

Spielverlauf

Die Spielleitung spricht den Vers und stellt den Kindern die Malaufgabe.

Wo bleibt der Gickel, Gockelhahn,
der so munter krähen kann?
Wir malen ihn aus deiner Hand.
Auf den Daumen Aug' und Kamm
und zwei Beine unten dran.
Nun den Schnabel vorne hier,
kräht der Gockel „Kikriki!"

Komm und hör mir einmal zu,
ich mal die Augen, das Viereck malst du.
Die Nase – ein Strich, die male ich.
Der Mund ist ein halbes Rund.
Nun kommt noch ein langes Band daran,
mit Schleifen, dass er auch fliegen kann.
Ist es ein Rabe, eine Krähe, ein Storch?
Nein, nein, kein Vogel, horch nur, horch!
Auch er kann fliegen und Reisen machen.
Das ist ein lustiger, bunter Drachen.

Der Mond ist rund, der Mond ist rund.
Er hat zwei Augen, Nas' und Mund.
Hat ein weißes Kleidchen an,
mit sechs gold'nen Knöpfen dran.
Arme wie 'ne Sechse,
Beine wie zwei X,
drei Haare in der Luft und fertig ist der Schuft.

Viele kleine Kreise nebeneinander male ich,
der erste kriegt ein freundliches Gesicht.
Das ist 'ne Raupe, hast du gesehen,
die will jetzt spazieren gehen.
Damit sie das auch richtig kann,
male ich ihr viele Beine dran.
Schon läuft sie los,
sage mir, was macht sie bloß?

Förderschwerpunkte

Kombinatorik, Konzentration, Darstellungsvermögen, Fantasie

FISCHE FANGEN

ab 3 Jahren

3 Spieler +

5 Min. +

Material

- Tonkarton
- Schere

Fische fangen

Spielverlauf

Mit dem bekannten Zungenbrecher wird zunächst ein Fischer ermittelt:

„Fischers Fritz fischt frische Fische. Frische Fische fischt Fischers Fritz."

Alle Mitspieler sitzen am Tisch und legen ihre Hände als Fische flach auf die Tischplatte. Der Fischer steht, fährt mit der Hand in der Luft über die ausgestreckten Hände und sagt:

„Ich fische, fische, fische
auf diesem großen Tische.
Ich hab' die ganze Nacht gefischt,
noch keinen Fisch erwischt".

Plötzlich patscht er auf einer der vielen Hände. Trifft er eine Hand, ist dieser Spieler in der nächsten Spielrunde der Fischer. Gleichzeitig dürfen aber die Fische die Hände zurückziehen, was das Fischen erschwert.

Variation

In der Tischmitte liegen Pappfische aus Tonkarton, einer weniger als Mitspieler. Die Spielleiterin spricht die Formel. Danach versuchen alle auf einen Pappfisch zu schlagen. Wer keinen erwischt, ist der nächste Fischer.

Förderschwerpunkte

Reaktionsschnelligkeit, Konzentrationsfähigkeit

WAS HÖR ICH DA VON NEBENAN?

ab 5 Jahren

8 Spieler +

5 Min. +

Was hör ich da von nebenan?

Spielverlauf

Die Kinder singen das Lied und stellen pantomimisch dar, was im Lied genannt wird.

Refrain
2. Ich will einmal von unten sehn, so, so, so.
Vielleicht kann ich dann etwas sehn, so, so, so.
Ich kann nichts sehn, ich kann nichts sehn,
da drüben ist was los.

Refrain
3. Ich will einmal durchs Astloch sehn, so, so, so.
Vielleicht kann ich dann besser sehn, so, so, so.
Jetzt kann ich sehn, jetzt kann ich sehn,
doch jetzt ist nichts mehr los.

Variation

Die Mitspieler stehen eng in einer Reihe und bilden den Zaun, während ein Kind auf der Rückseite versucht, ein „Guckloch" zu finden.

Hinweis

Gemeinsam die Frage besprechen: Was könnte sich hinter dem Zaun verbergen?

Förderschwerpunkte

Darstellungsvermögen, Sprachrhythmus, Fantasie

SCHORNSTEINFEGER GING SPAZIEREN

ab 5 Jahren

12 Spieler +

5 Min. +

Schornsteinfeger ging spaziern

Spielverlauf

Bei der Rollenverteilung wird je ein Kind zum Schornsteinfeger, Mädchen, Mutter und Vater bestimmt; zusätzlich bilden zwei Kinder das Haus, sie stehen sich gegenüber, fassen sich bei den Händen und bilden mit den Armen das Fenster. Im Wechselgesang singen Gruppe und Darsteller die Verse des Lieds und führen dazu die Bewegungen aus.

2. Da kam er an ein großes Haus ...
3. Schaut ein schönes Mädchen raus ...
4. „Mädchen, willst du mit mir geh'n ..."
5. „Muss ich erst die Mutter fragen ..."
6. „Mutter, darf ich mit ihm geh'n ..."
7. „Musst du erst den Vater fragen ..."
8. „Vater, darf ich mit ihm geh'n ..."
9. „Nein mein Kind das darfst du nicht ..."
10. Rannte sie zum Tor hinaus ...
11. Schornsteinfeger hinterdrein ...
12. Vater, Mutter hinterher ...
13. Feierten sie ein Hochzeitsfest ...

Hinweise

1. Die Rollenverteilung durch Auszählen bestimmen, sodass etwa auch ein Mädchen den Schornsteinfeger und ein Junge das Mädchen spielen kann.
2. Für die einzelnen Rollen sollen gemeinsam mit den Kindern Verkleidungen angefertigt werden.

Förderschwerpunkte

Darstellungsvermögen, Gemeinschaftsgefühl, Sprachrhythmus, Fantasie

ES WAR EINMAL EIN DRACHENTURM

ab 4 Jahren

10 Spieler +

10 Min. +

Material

- Decke

Es war einmal ein Drachenturm

Spielverlauf

Zunächst werden die Rollen an fünf Kinder verteilt: Ein Kind stellt den Turm mit einer umgehängten Decke dar, vier weitere Kinder sind die Feuerwehrleute. Dann singen alle gemeinsam das Lied und stellen den Inhalt pantomimisch dar.

2. Da kam ein großer Blitz, da kam ein großer Blitz,
da kam ein großer Zickzackblitz, Zi-Za-Zickzackblitz,
da kam ein großer Blitz.

3. Der riss den Turm entzwei, der riss den Turm entzwei,
der riss den ganzen Turm entzwei, Ti-Ta-Turm entzwei,
der riss den Turm entzwei.

4. Da kam die Feuerwehr, da kam die Feuerwehr
da kam die Fi-Fa-Feuerwehr, Fi-Fa-Feuerwehr,
da kam die Feuerwehr.

5. Die trug den Turm hinweg, die trug den Turm hinweg,
die trug den ganzen Turm hinweg, Ti-Ta-Turm hinweg,
die trug den Turm hinweg.

6. Da feierten sie ein Fest, da feierten sie ein Fest,
da feierten sie ein schönes Fest, schi-scha-schönes Fest,
da feierten sie ein Fest.

Variation

Mehrere Kinder bilden den Turm.

Hinweis

Die Spielleitung sorgt dafür, dass die „Feuerwehrkinder" das „Turmkind" sicher transportieren.

Förderbereiche

Darstellungsvermögen, Gemeinschaftsgefühl, Sprachrhythmus, Fantasie

ES GEHT EINE ZIPFELMÜTZ

ab 3 Jahren

6 Spieler +

5 Min. +

ES GEHT EINE ZIPFELMÜTZ

Spielverlauf

Alle Mitspieler gehen im Kreis und singen gemeinsam das Lied „Es geht eine Zipfelmütz' in unserm Kreis herum."

„Es geht eine Zipfelmütz' in unserm Kreis herum.
Dreimal drei ist neune, du weißt ja, wie ich's meine,
dreimal drei und eins ist zehn, Zipfelmütz bleibt stehn, bleibt stehn.
Sie rütteln sich, sie schütteln sich, sie werf'n die Beine hinter sich, sie klatschen in die Hand, wir beide sind verwandt."

Ein Spieler geht als Zipfelmütze innerhalb des Kreises in entgegengesetzter Richtung. Er hält die zusammengelegten Hände über dem Kopf. Beim letzten „bleibt stehn" bleiben alle stehen. Die Zipfelmütze führt jetzt mit dem Kind, das vor ihm steht, die im Text angegebenen Bewegungen aus. Bei „wir beide sind verwandt" haken sie sich unter und drehen sich im Kreis. Danach fügt sich die erste Zipfelmütze in den Spielerkreis ein, während das Spiel mit dem anderen Kind als neue Zipfelmütze von vorn beginnt.

Variation

In der weiteren Spielrunden sind beide Spieler Zipfelmützen, alle singen „Es geh'n zwei Zipfelmützen".

Hinweis

Hier kann auf spielerische Weise das Zahlenverständnis eingeübt werden.

Förderschwerpunkte

Sprachrhythmus, Bewegungskoordination, Gemeinschaftsgefühl, Vorstellungsvermögen

ICH BIN APOLLO

ab 3 Jahren

6 Spieler +

5 Min. +

Ich bin Apollo

Spielverlauf

Ein Kind stellt das Raumschiff Apollo dar und „fliegt" mit ausgebreiteten Armen um die anderen Spieler, die im Kreis stehen. Alle singen dabei das Lied „Ich bin Apollo."

Bei „such" hält sich das Apollo-Kind eine Hand über die Augen. Bei „Schrumm" bleibt er vor einem Mitspieler stehen, legt ihm beide Hände auf die Schultern und klopft im Takt. Der Mitspieler folgt nun Apollo und sucht sich einen weiteren Spielpartner aus. Das Spiel endet, wenn alle Mitspieler als Apollo umherfliegen.

Variation

Die Spieler bilden keine Paare sondern eine lange Kette.

Hinweis

Mit der Apollo-Rakete landeten 1969 zum ersten Mal Menschen auf dem Mond.

Förderschwerpunkte

Darstellungsvermögen, Bewegungskoordination, Sprachrhythmus, Fantasie

ICH SITZE IM GRÜNEN

ab 5 Jahren

8 Spieler +

10 Min. +

Material

- Stühle oder Sitzkissen

Ich sitze im Grünen

Spielverlauf

Alle Mitspieler sitzen im Stuhlkreis, ein Stuhl jedoch bleibt frei. Derjenige, der links von dem Stuhl sitzt, setzt sich auf diesen freien Stuhl und sagt: „Ich sitze ...“ Der nächste Mitspieler rutscht nach und sagt: „im Grünen ...“ Der nächste rutscht auf und sagt: „und wünsche mir ...“ Der vierte rutscht auf und sagt: „ganz heimlich (Name eines Mitspielers) herbei!“ Der genannte Spieler verlässt seinen Platz und setzt sich dann auf den freien Stuhl. Es ist nun ein neuer Stuhl frei und die nächste Spielrunde kann von vorne beginnen.

Variationen

1. Wenn der Herbeigewünschte seinen Platz verlassen will, versuchen seine Nachbarn ihn festzuhalten.
2. Die Spieler geben sich vor Spielbeginn andere Namen, z. B. von Märchenfiguren.
3. Ältere Kinder variieren Verb und Objekt, z. B. „Ich liege ... in der Hängematte ...“

Hinweis

Vor Spielbeginn besprechen, dass jeder nur einmal aufgerufen werden kann.

Förderbereiche

Bewegungskoordination, Geschicklichkeit, Reaktionsvermögen

HÖFLICHE GÄSTE

ab 5 Jahren

8 Spieler +

10 Min. +

Material

- Stühle
- Triangel

Höfliche Gäste

Spielverlauf

Alle Mitspieler sitzen im Kreis. Ein Spieler geht in die Mitte und sein Stuhl wird beiseitegestellt. Er geht zu einem anderen Mitspieler, verbeugt sich und stellt sich höflich mit seinem Namen vor: „Guten Tag. Ich heiße ...!" Der Mitspieler, dem er sich vorgestellt hat, steht ebenfalls auf, verbeugt sich und nennt auch seinen Namen: „Guten Tag. Ich heiße ...!" Beide gehen nun zu weiteren Mitspielern, verbeugen sich und stellen sich vor. Auch diese Spieler stehen nun auf. So geht das Spiel immer weiter, bis alle stehen. Dann gehen alle weiter umher, verbeugen sich vor anderen Mitspielern und stellen sich vor, bis plötzlich von der Spielleitung ein Triangel-Signal ertönt. Nun müssen sich alle Spieler schnell einen Sitzplatz suchen. Wer übrig bleibt, darf mit der neuen Spielrunde beginnen.

Variation

Der Spieler in der Kreismitte stellt sich reihum vor. Die Mitspieler im Kreis nennen ihren Namen, bleiben aber sitzen. Ein Spieler jedoch, den die Spielleitung vorher heimlich ausgesucht hat, sagt laut: „Ich heiße Hatschi Patschi." Auf dieses Signalwort hin müssen alle Spieler im Kreis ihre Plätze wechseln. Wer keinen Stuhl erwischt, darf eine neue Spielrunde beginnen.

Hinweis

Den Fokus auf die Funktion des Spielbeginners legen, damit wird der Wettbewerb um die Stuhlplätze entschärft.

Förderbereiche

Reaktionsvermögen, Gemeinschaftsgefühl